Buildup Family

빌드업 패밀리

부모자녀의
효과적 의사소통

육성필
노미애
김경아

신민영
이건희

박영story

차례

1강

부모의 자기이해

빌드업 패밀리 워크북: 부모자녀의 효과적 의사소통

- 코로나19 이후 가족의 의미와 소통의 중요성 인식(58%)

- 부모와 30분 이상 시간을 보내는 청소년: 부(41%), 모(76%)

- 부모와 30분 미만으로 대화하는 청소년: 부(55%), 모(19%)

부모와의 대화 및 관심 정도

부모와 나의 고민에 대한
대화를 거의 하지 않음

학교생활에 대한 대화를
거의 하지 않음

학교나 학원 수업이 끝난 후 집에
늦게 들어와도 관심이 없음

15%

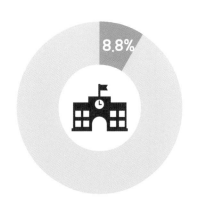

8.8%

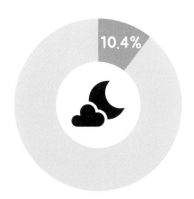

10.4%

한국청소년정책연구원(2022)

0.3 부모의 양육 현실

양육 스트레스	경제적 부담/학업 성적/대화 단절	87%	양육 만족도
	90%		

양육에 관한 높은 관심과 헌신을 나타낸다.

| 건강 지원 | 진로 | 시간 관리 | 관계 만족 | 양육 비용 |

0.4 양육의 어려움

핵가족화, 결혼 평균 나이의 지연, 가족 기능의 약화로 부모 역할을 습득할 기회 및 지원망 감소

사춘기적 발달특성과 입시경쟁으로 인한 자녀의 스트레스 버텨주기

게임중독, 십 대 임신 등 심각해지는 비행행동으로 인한 무력감 증가

청소년기의 연장으로 부양 책임과 의존 기간 지연

0.5 부모의 소진 예방

부모의 건강과 행복은 **부모가 자녀에게 줄 수 있는 가장** 큰 선물이다.

- 부모 역할은 낯설고 힘겹다. 특히 사춘기 자녀를 둔 부모는 소진될 가능성이 높다.

- 자녀가 학업에 열중하도록 도우면서 동시에 정서적으로 안정되게 좋은 관계를 맺어야 하는 이중역할이 요구된다.

- 무한책임을 가진 슈퍼맘 & 슈퍼대디의 역할에 대한 좌절감이 있다.

공동체적 도움과 사회적 지지체계가 요구되며,

부모 자신의 심리적/신체적 건강에 스스로 관심을 기울이는 것이 중요하다.

1.1 효과적인 양육을 위한 심리학적 해법

청소년 부모 역할의 특수성 이해

- 부모의 중년기와 청소년의 사춘기가 교차하는 과도기적 시기
- 부모의 이중역할로 인한 책임가중
- 배우자와의 관계변화
- 경제적 부담의 증가

→ 부단한 노력이 필요하다.

1.2 효과적인 양육을 위한 심리학적 해법

1) 양육이란 부모와 자녀가 더불어 경험하는 과정

2) 심리적 환경으로서 부모자녀 관계 재정립하기

3) 부모의 자기이해와 자녀이해를 통해 원만한 관계형성

의사소통

왜곡된 거울이 되는 7가지 유형

1. 방치 또는 방임된 자녀: 난 사랑스럽지 않아.

2. 정서적으로 유기된 자녀: 난 가치가 없는 존재야.

3. 정서적 간섭을 지나치게 많이 받은 자녀: 난 다른 사람 도움 없이 아무것도 못해.

4. 통제적이거나 폭군적인 모습에 시달린 자녀: 난 힘이 없어.

5. 완벽을 요구하거나 잔소리를 많이 경험한 자녀: 난 결코 잘할 수 없어.

6. 비판과 비난을 지나치게 많이 받은 자녀: 내 자신이 부끄러워.

7. 부모의 자아도취적인 모습을 경험한 자녀: 난 중요하지 않아.

(이영민, 2021)

1.4 효과적인 양육을 위한 심리학적 해법

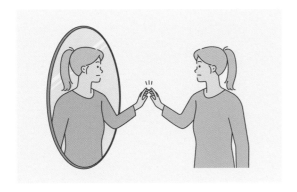

부모의 자기이해: 우리 자신이 어떤 사람인지 알아보기

- 자녀로서 나는 어떤 아이였나?

- 나는 나와 잘 지내고 있나?

- 나는 내가 마음에 드나?

효과적인 양육을 위한 심리학적 해법

빌드업 패밀리 워크북: 부모자녀의 효과적 의사소통

부모 자신의 어린 시절 경험 이해

- 나의 주 양육자(부모)와의 관계 살펴보기: 생애 초기 관계가 전 생애에 많은 영향을 미친다.

- 나의 어린 시절 경험을 통해 좌절된 욕구 탐색하기:

  무의식적으로 자녀를 통해 복구하려 한다.

- 원가족에서 나의 분화 정도 알아차리기:

  원가족에서 물려받은 감정적 패턴을 반복 복제한다.

- 나의 애착패턴과 부부관계를 확인하기: 성인 애착의 형성 가능성

1.6 효과적인 양육을 위한 심리학적 해법

◆◆◆ 빌드업 패밀리 워크북: 부모자녀의 효과적 의사소통

자녀 양육에 대한 의미와 나의 신념 확인하기

- 아이를 키우는 일이 나에게 어떤 의미인가?

- 부모는 자녀의 환경(물리적, 심리적)이 된다.
  나는 나의 아이에게 어떤 환경을 제공하고 있나?

- 양육을 통해 나는 무엇을 증명하고 싶은가?

부모 자신의 습관적 양육태도 점검하기

- 내 아이의 어떤 행동이나 말이 참기 힘든가?

- 그런 자녀를 볼 때 어떤 기분, 어떤 생각이 떠오르나?

- 나의 부모가 나에게 해주길 바랐던 것은 무엇이었나?

- 아이에게 반사적이 아닌 의도적으로 반응하기 위해 무엇이 필요한가?

- 실천한 결과 자녀의 반응과 변화된 관계 알아차리기

부모의 청소년 자녀이해

청소년이 가장 참기 어려운 일은 누군가가 그에게 요청을 해오는 것입니다.

요구의 내용은 그리 중요하지 않아요. 그들의 신경을 건드리는 건,

바로 부모가 자신에게 부탁을 해 온다는 것이고,

그들의 요청에 응답해야만 한다는 것인데,

이상하게도 부모를 행복하게 해줘야 한다는 걸 무척 짜증스러워합니다.

어른의 요청에 왜 이렇게 알레르기 반응을 보이나요?

그건, 부모의 요청이 이들에게 두 가지 괴로운 감정을 일깨우기 때문입니다.

하나는 그들의 요구에 부응하지 못할까 봐 갖는 두려움이고,

다른 하나는 자신이 노예처럼 보이지 않을까 하는 수치심입니다.

J. D. Nasio, 2011

부모의 청소년 자녀이해

발달기적 공격성 버텨주기

호르몬 변화로 인한 공격적 태도 증가, 독립과 의존에 대한 갈등

자녀와 건강한 경계 세우기

자녀가 자신의 삶의 주인으로 살아갈 수 있도록 존중하고 경청하기

최적의 좌절을 경험시키기

자녀의 욕구에 민감성을 가지면서도 혼자 힘으로 다룰 수 있도록 버텨주고 믿어주기

부모 자신의 한계 알려주기

부모도 실수할 수 있음을 인정하고 사과하기

1.10 효과적인 양육을 위한 심리학적 해법

자녀와 공감적인 관계를 위한 3가지

헤아리기 자녀의 문제행동에 초점을 맞추기보다 짜증 나는 마음을 알아주고 감정이
추스러질 때까지 기다려주기

어루만지기 자녀의 힘든 마음을 충분히 받아주고 달래주기
위협이나 경고가 아닌 걱정하는 마음을 알리고 자녀가 스스로 선택할 수 있도록 격려하기

단호하기 수용과 한계를 명확히 하여 균형 맞추기

마음의 구조를 창문에 비유하면?

마음 이해를 위한 심리학적 틀: 조하리의 창(Johari's windows)

	자신이 아는 부분	자신이 모르는 부분
타인에게 알려진 부분	공개 영역	맹목 영역
타인에게 알려지지 않은 부분	비밀 영역	미지 영역

2.2 성공적인 부모의 역할

1. 심리적 산소 제공자

   자녀의 마음을 공감하기

2. 사회적 학습 제공자

   민주적 의사소통, 개방적 양
   육방식을 통해 자녀의 언어,
   사회적 경험 촉진

3. 감정조절 훈련자

   자녀의 감정을 판단 없이
   수용하고, 표현하도록 허용
   하기

부모와 자녀는 끊임없이 스트레스를 주고받는다.
부모가 자녀의 스트레스원이 되지 않도록 늘 알아차리고 관찰해야 한다.

2강

청소년기의 이해

빌드업 패밀리 워크북: 부모자녀의 효과적 의사소통

청소년? 소년인가? 청년인가?

- 청소년은 과도기
- 'Who am I?'의 질문을 하는 시기

19세 이하 개인형 이동장치 교통사고
(단위=건 · 명)

부상자 수

12　25　58　218(1)　619(3)

12　21　48　186　549 사고 건수

2017년 2018년 2019년 2020년 2021년

*괄호 안은 사망자 수, 자료=김정재 국민의힘 의원실

스마트폰 사용자별 스마트폰 '과의존위험' 비율

단위: % ■ 고위험 ▫ 잠재적위험

27.1

16.7

13.6

9.7

1.2　3.5　2.5　2.0

유 · 아동　청소년　성인　60대

자료: 미래창조과학부

1.1 청소년기의 신체발달

2차 성징의 출현

- 1차 성징은 출생 시 생식기에 반영되는 성차로 인한 특징
- 2차 성징은 청소년기에 고환과 난소가 발달함에 따라 성호르몬 분비에 의해 신체의 기능과 형태적 변화가 발생하는 특징
  - 2차 성징은 개인차가 큰데, 특히 여성의 성숙이 남성보다 2~3년 정도 빠른 경향이 있다.

1.2 청소년기의 심리 사회 발달

에릭슨의 자아 정체성

하버드대 교수

전 생애 심리 사회 발달 8단계 이론

자아 정체성 개념 확립

특별한 생애사

특별한 업적

1.3 청소년기의 심리 사회 발달

아이와 어른의 차이 – 독립

독립하려면 '나는 누구인가?',

'나는 무엇을 하고 살아갈 것인가?(자아 정체성)'를 알아야 한다.

청소년은 부모로부터 분리되고, 독립을 위해 반항하고 방황하기 시작한다.

심리적 독립과 자아 정체성

자아 정체성 대 역할 혼미

- 방황(역할 실험)
- 역할 혼미
- 역할 유예
- 역할 유실

1.5 청소년기의 심리 사회 발달

사회성 발달 – '친구'의 중요성

- **발달상 친구 관계(significant other)가 중요하다.**
  - 부모로부터 독립되는 과정의 불안을 서로 나누는 관계이다.
- **상호작용, 친구를 통해 주고받는 관계를 처음 배운다.**
- **초, 중, 고 시기별로 관계의 패턴은 많은 차이가 있다.**
- **아이돌 등 연예인에 몰두하기도 한다. 이는 불안을 해소하고 롤모델을 갖고 싶은 욕구이다.**

2.1 청소년기의 인지발달

상상적 청중

상상적 청중의 개념

- 자기중심적 사고의 하나
- 주변 사람을 의식해, 모든 사람이 자신을 칭찬하거나, 비난한다고 상상
- 자신은 주인공, 타인들이 자신을 바라보고 있다는 착각

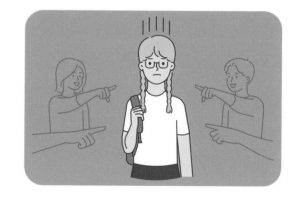

자기신화

자기신화의 개념

- 자기중심적 사고의 하나
- 다른 사람한테 일어날 수 있는 일이 자기한테는 일어나지 않을 것 이라고 믿는 경향성
- 자신의 감정과 생각은 매우 독특해서 다른 사람들이 이해할 수 없을 것이라는 착각

2.3 중2병? 괴물? 외계인?

3.1 뇌발달 관점에서 본 청소년

1. 청소년기의 뇌발달

    1) 미완성된 뇌

    2) 전두엽과 편도체의 상호작용

    3) 정서 시스템, 인지통제 시스템, 사회인지 시스템 발달

    4) 청소년기의 자기중심성과 뇌발달과의 관계

2. 청소년 뇌의 취약성

    1) 변화하고 있는 뇌

    2) 정신병리에 대한 취약성

3. 뇌발달을 고려하여 청소년과 관계 맺기

1) 미완성된 뇌

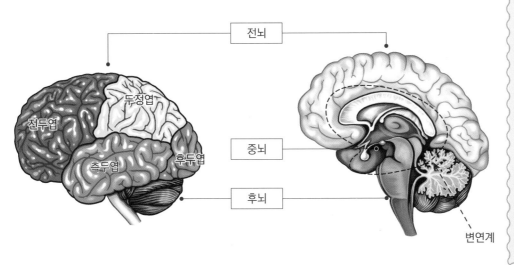

전뇌

두정엽

전두엽

측두엽   후두엽

중뇌

후뇌

변연계

피질: 인지 기능을 관장

전두엽 – 판단, 통찰, 충동 조절

두정엽 – 운동, 감각

측두엽 – 감정, 성욕, 언어

후두엽 – 시각

변연계: 정서 기능을 관장

편도체 – 공포, 불안, 공격성, 보상

청소년기의 뇌발달

1) 미완성된 뇌 – 뇌 영역들은 동일한 속도로 발달하지 않는다.

Gogtay 등의 연구(2004)

- 기본적인 기능을 담당하는 뇌의 영역이 먼저 성숙해진 후 보다 복잡하고 통합적인 기능을 하는 영역들이 나중에 성숙해진다.
- 청소년기에는 전두엽이 미완성 상태
  - 청소년은 문명화되지 않은 어른
  - 성인과 같은 판단, 통찰이 어렵다.

2) 전전두엽과 편도체의 상호작용 – 폭발적인 정서 반응이 아직은 잘 통제되지 않는다.

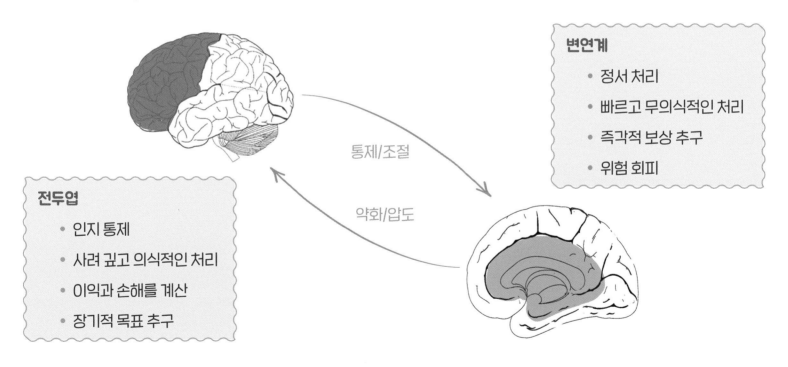

변연계
- 정서 처리
- 빠르고 무의식적인 처리
- 즉각적 보상 추구
- 위험 회피

통제/조절

약화/압도

전두엽
- 인지 통제
- 사려 깊고 의식적인 처리
- 이익과 손해를 계산
- 장기적 목표 추구

3.5 청소년기의 뇌발달

◆◆◆ 빌드업 패밀리 워크북: 부모자녀의 효과적 의사소통

2) 전전두엽과 편도체의 상호작용 – 폭발적인 정서 반응이 아직은 잘 통제되지 않는다.

Swartz 등(2014)의 연구

- 전전두엽과 편도체 간의 연결은 나이가 증가할수록 강해졌으며 강도가 강할수록 편도체의 활성화가 낮았다.
- 이성적이기보다 감정적이다.

3) 정서, 인지통제, 사회인지 시스템의 불균형 발달

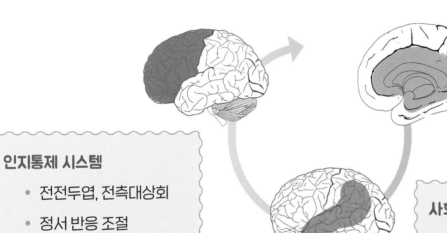

정서 시스템

- 피질하–변연계
- 정서 반응

인지통제 시스템

- 전전두엽, 전측대상회
- 정서 반응 조절

사회인지 시스템

- 내측 전전두엽, 상측두구, 측두두정연접부
- 타인의 관점 수용

3.7 청소년기의 뇌발달

3) 정서, 인지통제, 사회인지 시스템의 불균형 발달

- 엄마의 잔소리를 듣는 동안 뇌의 반응을 조사(Lee et al., 2015)한 결과: 정서 시스템의 활성화는 증가한 반면, 인지통제 시스템과 사회인지 시스템은 활성화는 저하되었다.

4) 청소년기의 자기중심성과 뇌발달과의 관계

- 정서적 자기중심성 오류(Emotional Egocentricity Bias, EBB):
  나의 감정에 근거해서 타인의 감정을 평가하는 것
  성인보다 아동에서 높게 나타난다(Steinbeis et al., 2015).

3.9 청소년, 어떻게 이해해야 하는가?

◆◆◆ 빌드업 패밀리 워크북: 부모자녀의 효과적 의사소통

행동 ● ● ● ● ● ● ▶ **심리 사회** ● ● ● ● ● ● ▶ **뇌발달**

행동
- 감정 기복, 정서적 불안정
- 충동성
- 위험한 행동
- 짜증, 분노/반항적 행동
- 자기중심적 행동
- 중독적 행동

심리 사회
- 질풍노도의 시기(그랜빌 홀)
- 제2의 탄생(루소)
- 심리적 이유기(홀링워스)
- 주변인(레빈)
- 자아 정체성(에릭슨)
- 자아중심성(엘킨드)

뇌발달
- 정서 시스템의 과도한 활성화
- 인지통제 시스템의 미성숙
- 사회인지 시스템의 미성숙

1) 변화하고 있는 뇌: 뇌 기능이 폭발적으로 증가하지만 취약하다.

- 뇌는 미완성된 형태로 태어나 시간과 경험에 의해 완성된다.

- 청소년기는 뇌 기능이 폭발적으로 증가하며 정교화되는 시기

- 불안정함이 특징

3.11 청소년 뇌의 취약성

1) 변화하고 있는 뇌: 양날의 검, 신경가소성

나쁜 영향 ● ● ▶

좋은 영향 ◀ ● ●

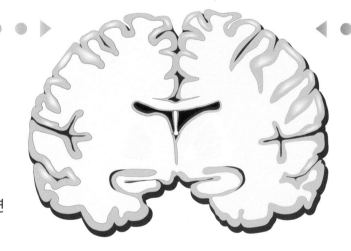

나쁜 영향
- 사회적 결핍, 고립
- 방임, 학대
- 스트레스
- 부정 정서 경험
- 불충분한 운동, 영양, 수면

좋은 영향
- 사회적 상호작용
- 사회적 지지
- 긍정 정서 경험
- 충분한 운동, 영양, 수면

2) 정신병리에 대한 취약성

→ 대부분의 경우 일시적이고 심하지 않게 지나간다.

그러나, 정도가 심하고 장기간이면 전문가의 도움을 받는 것이 좋다.

거식증은 입원치료를 권한다.

2) 정신병리에 대한 취약성

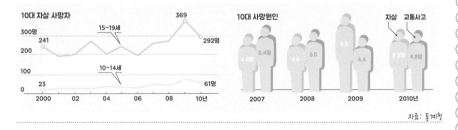

공감- 10대 사망원인 1위 자살

우리 청소년, 매일 한명씩 스스로 목숨 끊어

부모 기대 · 왕따 · 스트레스…   19%가 "자살 생각해봤다"   5%는 실제 자살 시도

자료: 통계청

희망- 가장 필요한 건 관심   **전국 166개 청소년 센터서 24시간 전문가 상담**

청소년들, 자살 생각할 땐 반드시 신호 보내… 그건 '죽고 싶다'가 아닌 '살고 싶다'는 신호

- 자살 시도는 고통의 표현이고 도움을 요청하는 시도일 수 있다.
  - 자살 충동성은 시간제한적 특성이 있다.
  - 24~48시간 정도 지속되므로, 자살 시도를 목격하면 함께 있어주고, 관련 기관에 연계가 필요하다.
  - 고통에 대한 경청과 공감이 도움이 된다.

4.1 뇌발달을 고려하여 청소년과 관계 맺기

- 청소년의 뇌가 아직 미성숙한 상태임을 인정하기

  ⇨ 아이들은 뇌 기능에 충실한 삶을 살고 있을 뿐이다.

- 현재 상태를 어떻게 효율적으로 이용할 수 있을지,
  어떻게 보조해야 최상의 기능을 할 수 있을지 고민하기

  ⇨ 정서적으로 흥분된 상태에서는 말이 통하지 않는다:

    대화 가능한 시점을 포착할 것

  ⇨ 통제된 행동은 자동적 행동보다 늦게 출현한다: 한 템포 쉬고 반응하기

4.2 뇌발달을 고려하여 청소년과 관계 맺기

- **청소년의 뇌는 신경가소성이 매우 활발한 시기임을 이해하고, 좋은 방향으로 변화할 수 있도록 안내하기**
  - ⇨ 아이들과 친밀한 관계를 형성하기: 안전지대
  - ⇨ 긍정적 정서 경험
  - ⇨ 사회적 지지
  - ⇨ 충분한 영양, 운동, 수면
  - ⇨ 따뜻한 눈빛, 미소, 토닥이기, 농담, 유머

- **지금은 발달 중, 결국은 좋아질 것임을 믿어 의심치 않기**
  - ⇨ 필요하면 전문적인 도움받기: 안정감을 제공하고 자기통제력을 향상

3강

의사소통의 실제 I
- 너의 마음 듣기

빌드업 패밀리 워크북: 부모자녀의 효과적 의사소통

0.1 마음이 통하는 대화란?

◆◆◆ 빌드업 패밀리 워크북: 부모자녀의 효과적 의사소통

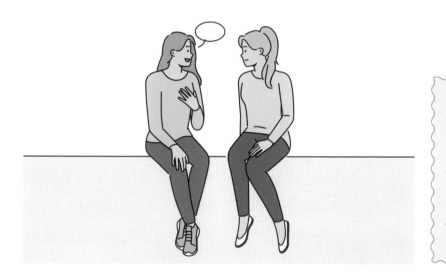

- 마음이 통하려면 '듣기'가 중요

- '감정'을 들어주는 것이 중요

- 상대방을 배려하고 존중하는 마음 갖기

사리대화와 심정대화의 개념

- **심정대화: 마음이 통하는 대화**
- **사리대화: 생각과 지식, 정보를 전하는 대화**

사리대화와 심정대화

사리대화와 심정대화의 차이점

〈예시〉

자녀가 부모에게 "엄마, 숙제가 너무 많아요."라고 말하는 상황

A부모: "숙제가 많다니... 그 정도도 안 해서 어떻게 성적을 올리겠니? 여태 그런 식으로 해서 공부를 못하는 거야."

B부모: "숙제가 많아서 힘든가 보구나."

- 심정대화는 '듣기'가 중요
- 사리대화는 '말하기'가 중요

1.3 소극적 경청과 적극적 경청

소극적 경청	적극적 경청
주의를 기울이며 묵묵히 듣기	감정과 속뜻을 알아차리고 피드백하며 듣기

감정 반영하기

〈예시〉

혼자 욕을 중얼거리는 자녀와의 대화

부모: 너 지금 욕한 거야?

자녀: 엄마한테 한 것은 아니에요.

A부모: 부모 앞에서 욕을 하다니 못됐구나.

B부모: 누구한테 그렇게 심한 욕을 한 거야?

자녀: 딱히 누구랄 것은 없지만 완전 짜증 나잖아요.

B부모: 무엇이 우리 OO를 이렇게 짜증 나게 했을까?

자녀: 알려줘도 절대 이해 못 할 거예요.

B부모: 힘든 것은 알겠는데 욕을 해서 해결할 수 없으니 어떤 일이
있었는지 차근차근 알아보자.

타당화와 공감

- **타당화는 화자의 입장(맥락, 상황)을 이해하고 수용하는 것**

  "네가 ...하기 때문에 그렇다는 것이 이해가 되네."

- **공감은 화자의 입장(관점)을 자신의 경험처럼 함께 느끼는 것.**
  공감할 때, 성장 동기도 헤아릴 수 있으면 좋다.

  "화가 많이 났을 텐데 잘 참고 이렇게 말해주어 고마워."

요약하기

- 듣게 된 모든 내용을 총합하여 하나의 메시지로 압축하는 것
- "네 말은 …이고, …이고, …이라는 말이지?"
- 대화가 어느 정도 진행되고, 듣기를 마무리 하려 할 때 활용하면 좋다.

그 외의 기술들

- **거울처럼 반영하기**
  - 상대의 말을 거울처럼 똑같이 따라 해주는 것
  - 갈등 상황에서 활용하면 좋다.
- **재진술하기**
  - 비슷한 말로 바꾸어 말하기
  - " …한 상황이었구나."
- **명료화**
  - 모호하게 들릴 때 확인하는 질문
  - "…은 …이라는 뜻이지?"

- 감정 소통하기

- 자녀와 시시비비를 따지지 않기

- 힘의 논리로 강요하지 않기

- 자녀의 태도를 지적하지 않기

A부모: 너 지금 왜 그러는데? 말 좀 해봐! 그 태도가 뭐야? 네가 잘했다는 거야? 엄마가 뭘 어쨌다고 그래?

B부모: 너의 마음을 알고 싶어. 너를 사랑해. 너를 혼내려는 게 아니야. 너를 돕고 싶어서 그래. 함께 생각해 보자. 엄마가 기다려 줄게. 언제나 네 편이야.

3.2 존중과 경청의 대화: 명령형이 아닌 존중형으로

〈예시 1〉

자녀: 선생님이 싫어요.

A부모: 싫고 좋고가 어디 있어? 하라면 해.

자녀: 싫다고요.

A부모: 제발 말 좀 들어!

B부모: 무슨 일인지 말해 줄 수 있어?

자녀: 말하고 싶지 않아요.

B부모: 혹시 힘든 일이 있었니?

- 명령: 왜 그랬어? 네 할 일이나 해.
- 존중: 어떻게 할까? 너는 어떻게 생각해?

(박미자, 2022)

〈예시 2〉

자녀의 어질러진 방을 보며
부모의 반응

A부모: 방이 이게 뭐냐?

자녀: 방이 왜 어때서?

A부모: 너무 어지럽잖아.

자녀: 내가 알아서 할 게.

A부모: 뭘 알아서 해? 맨날 똑같은 소리...

B부모: 많이 바쁜가 보네...

자녀: 갑자기 왜?

B부모: 방이 많이 어질러 보여서 그래.

자녀: 내가 알아서 할 게.

B부모: 그럼 언제까지 가능할까?

자녀: 이번 주말까지는 정리할게요.

3.4 존중과 경청의 대화: 명령형이 아닌 존중형으로

A부모: 그걸 말이라고 해?

〈예시 3〉

자녀: 나 자퇴하고 싶어.

B부모: 학교를 자퇴하겠다고? 그 정도로 학교생활이 힘들었던 거야?

자녀: ...

B부모: 미안해. 그렇게 힘든 줄은 몰랐구나. 어떻게 하면 좋을지 우선 이야기부터 해 보자.

4.1 심정 듣기의 주의점

심정대화에서 유의할 점

1. 열린 태도, 존중하는 태도로 듣기

- 평가, 판단, 충고 등 '내'가 하고 싶은 말을 잠시 내려놓고 듣기
- 부모가 자신의 감정을 이해하고 공감한다는 것이 느껴지면 자녀는 자신의 정서적 경험을 신뢰하고 자아 존중감을 키울 수 있다.

2. 상대의 말을 먼저 끝까지 들은 다음, '나의 마음 말하기'를 하기

- 심정대화는 '말하기'보다 '듣기'가 중요하다.

3. 말의 속뜻을 알아 듣기

- 겉으로 표현된 말과 함께 비언어적 메시지를 잘 관찰하기

4강

의사소통의 실제 II
- 나의 마음 말하기

빌드업 패밀리 워크북: 부모자녀의 효과적 의사소통

0.1 의사소통을 위한 말하기 기술

사리대화의 말하기와 심정대화의 말하기의 차이점

- 사리대화의 말하기
- 명료한 지식과 정보 말하기

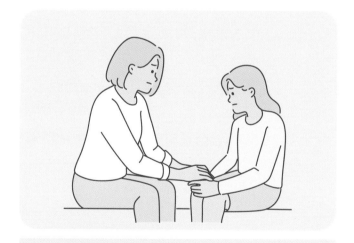

- 심정대화의 말하기
- 나의 감정 진솔하게 말하기

1.1 나의 마음 말하기 기술

나의 마음 말하기의 전제조건

1. 감정을 말하는 것은 나약하거나 어른스럽지 못한 것이 아니다.

2. 진솔한 감정은 타인에게 전달될 수 있다는 믿음이 필요하다.

3. 내 심정을 말하기는 하지만, 받아 달라고 강요하지 않는 자세가 중요하다.

청자에게 들을 준비시키기

- 청자와 화자의 입장이 바뀔 때 사용

  : 들을 준비를 시키기 위한 말을 하면 좋다.

  → "지금부터는 내가 말해도 될까?"

  "이제 내 얘기 좀 해도 될까?"

나의 감정 말하기

- 심정대화의 감정 반영하기를 반대로 하는 과정
- '나'를 주어로 말한다.
- "나는 (...한 감정)을 느낀다."라고 덧붙인다.

→ "너의 (...한 행동) 때문에,
나는 (...한 감정)을 느낀다."

1.4 나의 마음 말하기 기술

분노(화) 표현하기

- 분노는 자연스러운 감정
- 청자를 비난하지 않고 분노 표현하기
- 격노했을 때는 Time out

- "... 때문에, 나는 화가 났다."
- "그래서 ...해 줬으면 좋겠다."

- 목소리는 단호하게 하고, 시선을 피하지 않는다.

감정 말하고 기다리기

감정을 말한 후엔...

기다리기...

청자가 나의 말을 듣고, 나의 마음을 받아
들이는 데는 시간이 필요하다.

2.1 부모의 말하기 기술

부모-자녀의 원활한 소통을 위한 말하기 기술

- 거절의 언어(No)보다 수용의 언어(Yes)를 사용한다.

- 한계를 설정하고, 자율성을 존중하는 방식으로 말한다.

- 사소한 것은 모른 척하기

- 판단, 조언을 자제하기

- 끝까지 충분히 들어 주기

자녀에게 반응하는 부모의 네 가지 유형

1) 축소전환형: 자녀의 감정을 무시하거나 대수롭지 않게 여긴다.

친구가 괴롭혔어요. → 몰라서 그랬을 거야.

2) 억압형: 감정을 표현했다는 이유로 꾸짖고 벌을 준다.

고집부리면 더 혼날 줄 알아.

3) 방임형: 감정을 공감하지만 자녀에게 대안적 행동을 제안하거나 한계를 제시하지 못한다.

그럴 수 있지. 학교 가기 싫으면 안 가도 돼.

4)감정 코치형: 자녀의 감정에 공감하고 문제해결을 위한 구체적인 행동 모색한다.

실망하는 것은 당연해. 이 경험을 통해 무엇을 배울 수 있을까?

2.3 부모의 말하기 기술

자녀와 효과적으로 대화하는 기술

1) 질문형 대화: 어떻게 하면 좋을까?, 너는 어떻게 생각해?, 엄마가 뭐 도울 일 있니?

2) 직면하는 대화: 자녀: 나 자퇴하고 싶어.

　　　　　　　　　　A부모: 뭐라고? 그걸 말이라고 해?

➡　　　　　　　B부모: 그 정도로 학교생활이 힘들었던 거야?, 어떻게 하면 좋을지 얘기해 보자.

3) 행동과 사실중심대화: 자녀와 자녀의 행동을 구분해서 부모의 걱정하는 마음 전하기

　　　　　　　　　　A부모: 지금 몇 시냐? 잘한다. 시험이 코앞인데.

➡　　　　　　　B부모: 많이 늦었네. 전화도 없이 늦어서 걱정했단다. 늦으면 꼭 문자라도 해주렴.

4) 태도보다 말의 내용에 집중하기: 자녀의 태도를 부모에 대한 반항이 아닌 기분을 전환하거나 회복하려는 의도로 받아들이기

　　　　　　　　　　A부모: 네가 혼자 큰 거 아니야, 어디서 유세 부리냐?

➡　　　　　　　B부모: 많이 컸네. 이렇게 네 의견을 말하는 것을 보니 대견해.

명료화: 말하는 사람의 말이나 내용이 모호하게 여겨질 때 구체적으로 분명하게 확인하거나 전달하기 위한 방법

A부모: 사춘기가 벼슬이냐? 버릇만 없어 가지고.

자녀: 저 사춘기예요. 함부로 건들지 마세요!

B부모: 사춘기 맞아. 우리 OO가 많이 컸네. 대견하다. 아무도 너를 함부로 건들면 안 되지. 앞으로는 중요한 집안일을 결정할 때도 너의 의견을 듣도록 할게.

3.2 소통하는 대화 사례연습 2 (타당화)

타당화: 말한 내용이 상황적으로/논리적으로 이치에 맞는다고 이해하고 타당성을 부여하기

> **자녀:** 제가 어린아이도 아니고 제가 알아서 할게요.
>
> **부모:** 그래. 네가 이렇게 많이 커서 혼자 힘으로 해결하려고 하는 것은 알겠어. 너를 믿고 존중하지만 엄마는 너의 안전보다 중요한 것은 없으니 도움이 필요하면 알려 주렴.

공감: 상대방의 감정이나 경험에 대해 이해하고 느끼는 것

(이유 없이 짜증 내는 자녀에게)

 A부모: 넌 왜 집에만 오면 짜증이냐? 네가 좀 참으면 되잖아. 도대체 왜 그래?

 B부모: 우리 OO가 힘들었나 보네... 평소보다 긴장한 것 같네.

자녀에게 비방어적으로 반응하기

A부모: 그걸 말이라고 하는 거야? 이제 좀 컸다고 날 무시해?
　　　 어디 어른한테 버릇없이!

자녀: 아 싫어! 싫다고!

B부모: 할 말이 있어 보이는구나. 네 생각을 들어보자.

관계 단절로 가는 4가지 대화법(Gottman, 1985, 1999)

1. 비판

(너는 항상 ...이 문제야)

2. 경멸

(너 따위가 어떻게...)

3. 방어

(그래. 하지만...)

4. 벽 쌓기

(침묵, 회피)

4.2 피해야 할 말 실례

부모가 자녀에게 절대 해서는 안 되는 말

- 성격 비난: 너는 게을러빠진 게 문제야.

- 능력 비난: 멍청해가지고, 이런 것도 못해?

- 경멸: 게을러빠져가지고, 그래서 나중에 뭐 될래?

- 명령, 지배: 이번에도 하라는 대로 안 했으니, (벌로) 이번주엔 용돈 없다.

- 분석: 이번에는 뭐라 변명할 거니? 난 니가 숙제 안 하는 이유를 알아. 게을러터져서 그렇지.

- 조롱: 너 그딴 식으로 계속해 봐라. 나중에 어떻게 되나.

- 파멸 예언: 게을러빠져가지고, 앞으로 니가 어떻게 될지는 니가 더 잘 알 거야.

저자 소개

육성필(서울상담심리대학원대학교 위기관리상담전공 교수, 마음건강연구소장)

노미애(서울상담심리대학원대학교 마음건강연구소 전임연구원)

김경아(서울상담심리대학원대학교 마음건강연구소 연구교수)

신민영(서울상담심리대학원대학교 노인임상상담전공 교수)

이건희(서울상담심리대학원대학교 초빙교수)

빌드업 패밀리 워크북: 부모자녀의 효과적 의사소통

초판발행   2023년 12월 29일

지은이   육성필 · 노미애 · 김경아 · 신민영 · 이건희
펴낸이   노   현

편 집   김다혜
기획/마케팅   허승훈
표지디자인   이은지
제 작   고철민 · 조영환

펴낸곳   ㈜ 피와이메이트
             서울특별시 금천구 가산디지털2로 53, 한라시그마밸리 210호(가산동)
             등록 2014. 2. 12. 제2018-000080호
전 화   02)733-6771
f a x   02)736-4818
e-mail   pys@pybook.co.kr
homepage   www.pybook.co.kr
ISBN   979-11-6519-464-2   93180

정 가   12,000원

박영스토리는 박영사와 함께하는 브랜드입니다.